漫画で読む

# 李克強総理の仕事

チャイナデイリー 編著

日中翻訳学院・本田朋子 訳

## まえがき

　『毎周一画』は 2015 年の両会（全国人民代表大会、中国人民政治協商会議）以降、政府の政策を分かりやすく読者に伝えるためにチャイナデイリーが作成した一コマ漫画記事です。一週間に一本のペースでインターネット上に掲載され大変な好評を博しました。

　今回『毎周一画』を日本の読者にも楽しんでいただくため、チャイナデイリーの許可を得て、『漫画で読む李克強総理の仕事』として日本僑報社が日本語に翻訳し刊行することになりました。中国語原文も合わせて収録していますので、中国語学習にもお役立てください。

# CHINADAILY

2015/06/28-07/02

6枚の漫画で総理のヨーロッパ訪問の注目点を振り返る①

6月28日から7月2日、李克強総理はブリュッセルで行われた第17回中国・EU首脳会議に出席し、併せてベルギー、フランス、経済協力開発機構（OECD）本部を訪問した。今回のヨーロッパ訪問の注目点を漫画で見てみよう。

**6枚の漫画で総理のヨーロッパ訪問の注目点を振り返る①**

# 朋あり遠方より来る

　李克強総理とEUの新指導者が「初の密接な接触」をした。EU本部滞在中、李克強総理はトゥスク欧州理事会議長、ユンカー欧州委員会委員長と第17回中国・EU首脳会議を行った。さらにシュルツ欧州議会議長と会談を行った。

　6月28日至7月2日，李克强总理赴布鲁塞尔出席第十七次中国欧盟领导人会晤并访问比利时、法国、以及经济合作与发展组织总部。此次欧洲之行有哪些亮点？让我们用漫画的形式告诉你！

**六张漫画带你回顾总理访欧亮点①**
**有朋自远方来**

　　李克强总理同欧盟新一届领导人的"第一次亲密接触"。在欧盟总部期间，李克强总理将同欧洲理事会主席图期克、欧盟委员会主席容克举行第十七次中国欧盟领导人会晤。李克强总理还将会见欧洲议会议长舒尔茨。

# CHINA DAILY

2015/06/28-07/02

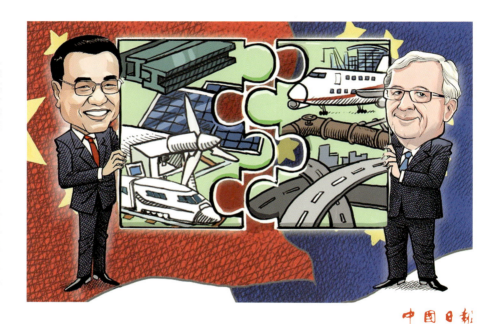

6枚の漫画で総理のヨーロッパ訪問の注目点を振り返る②

6枚の漫画で総理のヨーロッパ訪問の注目点を振り返る②

# 中国とヨーロッパのドッキング

　李克強総理とユンカー欧州委員会委員長は首脳会談を行った。李克強総理が進める国際産能合作と「ユンカープラン」が中国と欧州のドッキングを実現する。

**六张漫画带你回顾总理访欧亮点②**
**中欧对接**

　　李克强总理同欧盟委员会主席容克举行领导人会晤。李克强总理力推的国际产能合作与"容克投资计划"实现中欧对接。

# CHINADAILY

2015/06/28-07/02

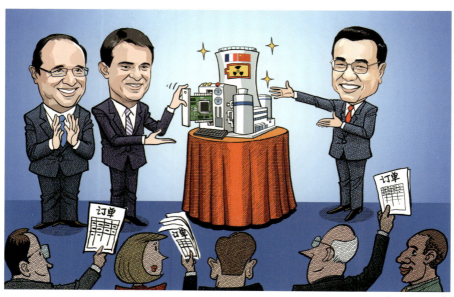

6枚の漫画で総理のヨーロッパ訪問の注目点を振り返る③

6枚の漫画で総理のヨーロッパ訪問の注目点を振り返る③

# 第3国のウィンウィン

　中国とフランスは協力し、共同で第3国市場を開発する。フランス訪問中、李克強総理はオランド大統領、ヴァルス首相と会談した。両国政府は第3国市場の開発協力に関する共同声明と中国・フランスの原子力エネルギー協力に関する共同声明を発表した。

**六张漫画带你回顾总理访欧亮点③**
**三方共赢**

　　中法联手开发第三方市场。访法期间，李克强总理将会见奥朗德总统、瓦尔斯总理，并拟共同发表关于第三方市场合作的联合声明和民用核能合作联合声明两份重要文件。

# CHINA DAILY

2015/06/28-07/02

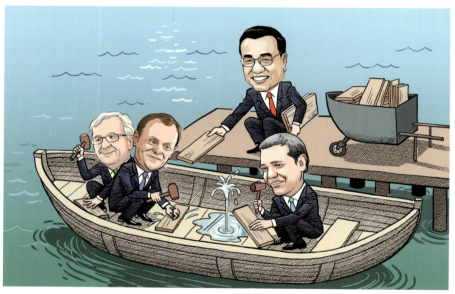

6枚の漫画で総理のヨーロッパ訪問の注目点を振り返る④

6枚の漫画で総理のヨーロッパ訪問の注目点を振り返る④

# EUへの声援

　現在、ギリシャの債務問題は重要な時期にある。ヨーロッパ訪問中、李克強総理は次のような態度を表明した。中国はこれまでと変わらず欧州債務に長期的に責任を負う保持者であり続ける。中国はEUの真の友人であり、繁栄する欧州、団結したEU、強いユーロを望んでいる。

**六张漫画带你回顾总理访欧亮点④**
**声援欧盟**

　　当前希腊债务问题处于关键时期。李克强总理访欧期间就此表态：中国将一如既往做欧债长期、负责任的持有者。中国是欧盟真正的朋友，希望看到一个繁荣的欧洲，团结的欧盟，强大的欧元。

# CHINA DAILY

2015/06/28-07/02

12

**6枚の漫画で総理のヨーロッパ訪問の注目点を振り返る⑤**

 経済回復

　李克強総理はヨーロッパ訪問中、フランスと共同で第3国市場の協力に関する共同声明を発表した。これは、国際産能合作にロードマップができたことを意味する。国際産能合作による第3国の協力展開は世界経済の好転を促進し、南北協力、南南協力の新たな道を切り開く。

六张漫画带你回顾总理访欧亮点⑤
**复苏经济良方**

　　李克强总理访欧期间，中法两国政府共同发表关于第三方市场合作的联合声明。这意味着国际产能合作有了路线图。开展全球产能的三方合作，是促进世界经济复苏的良方，也开辟了南北合作、南南合作的新途径。

# CHINA DAILY 2015/07/04

6枚の漫画で総理のヨーロッパ訪問の注目点を振り返る⑥

**6枚の漫画で総理のヨーロッパ訪問の注目点を振り返る⑥**

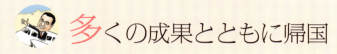

# 多くの成果とともに帰国

　李克強総理は順調にヨーロッパ訪問を終え、フランスのEU指導者と国際産能合作、第3国市場協力などにおいて重要な合意に達し、数百億ドルの契約の締結にも立ち会った。

**六张漫画带你回顾总理访欧亮点⑥**
**满载而归**

　　李克强总理圆满结束欧洲之行。访欧期间，李克强总理与欧盟法国领导人就国际产能合作、第三方市场合作等达成重要共识，并见证了数百亿美元协议的签署。

CHINA DAILY 2015/08/30

# 総理が部長へ「厚礼」を贈る

　8月26日の国務院常務会議で、李克強総理は「重厚な贈り物」として3冊の評価報告書を部長一人一人に贈った。「これを持ち帰り、自分のことと結び付けて問題点を探し、解決策を見つけてほしい。主要な部・委員会はその中の重要問題について部務会を開き、専門調査を行い、その結果を国務院にフィードバックしてほしい」。当日の会議では、重点的な政策対応が聴取され、第三者評価が行われた。今期の政府が組織されて以来「第三者機関」が常務委員会の会場に入るのはこれで3回目となる。

**总理给部长们送"厚礼"**

　　8月26日的国务院常务会议上，李克强总理送给部长们每人一份"厚重的礼物"：三大本评估报告。总理说："这三大厚本，希望大家领回去，各自对号入座，查找问题，找到解决办法。主要部委要对其中的重点问题召开部务会专题研究落实，落实结果要向国务院反馈！"当天会议听取重点政策措施落实第三方评估汇报，这是本届政府组成以来，"第三方机构"第3次走进常务会会场。

# 小よく大を制する

　9月1日の国務院常務会議で、総規模600億元の国家中小企業発展基金の設立が決定した。李克強総理は、市場化の原則に基づいて基金を運営し、中央資金のレバレッジ作用と乗数効果を十分に発揮させ、より大規模な社会資本の投入を動かさなければならない、と強調し、「これは就業拡大、大衆創業・万衆創新（大衆の起業と万民のイノベーション）の促進にとって重要な意義を持つ」と述べた。

**四两拨千斤**

　9月1日国务院常务会议决定设立总规模为600亿元的国家中小企业发展基金。李克强总理强调，必须按照市场化原则运行基金，充分发挥中央资金的杠杆作用和乘数效应，撬动更大规模的社会资本投入，"这对扩大就业，推动大众创业、万众创新，增强发展新动力，都具有重大意义。"

## CHINADAILY

2015/09/12

# 形に波があるが、依然として勢いはある

　先ごろ閉幕した 2015 年夏季ダボス会議最大の見せ場は、国務院の李克強総理による特別挨拶である。挨拶の中で李克強総理は中国経済について「形に波があるが、依然として勢いはある」と明確に指摘した。会議参加者らは、総理の挨拶が世界中の投資者に安心感を与えたと示した。

**形有波动，势仍向好**

　　在刚刚闭幕的 2015 夏季达沃斯论坛上，最大的重头戏当属国务院总理李克强的特别致辞。在致辞中，李克强总理精辟指出中国经济"形有波动，势仍向好"。多位与会人士表示，中国总理的致辞让全球投资者吃了一颗"定心丸"。

# CHINA DAILY

2015/09/19

22

# 大衆の知恵を集め、
# 民衆の力を一つに

　9月9日、李克強総理は大連市高新区の衆創空間（イノベーション・スペース）のモデル基地を視察した際、大衆の知恵を集め、民衆の力を一つにし、困難に取り組み克服しなければならないと強調した。わずか一週間後、大衆創業・万衆創新を支えるプラットフォームの建設は国務院常務会議の議題となった。「インターネット＋」によって積極的に衆創（ソーシャルイノベーション）、衆包（クラウドソーシング）、衆扶（支援）、衆籌（クラウドファンディング）という新たなモデルを発展させ、イノベーション主導型開発の新しい枠組みを形成することが会議で決定された。

**集众智 汇众力**

　9月9日，李克强总理在大连高新区众创空间示范基地考察时强调，要集众智汇众力攻坚克难激发活力。仅仅7天后，建设大众创业、万众创新支撑平台便成为了国务院常务会议的议题。会议决定，要利用"互联网＋"，积极发展众创、众包、众扶、众筹等新模式，形成创新驱动发展新格局。

# CHINA DAILY

2015/09/26

老書記、いつでもお帰りなさい

# 老書記、いつでもお帰りなさい

「総理、お帰りを待っていました」。李克強総理が9月24日河南省長葛市の高水準農田を訪れた際、一人の農民が総理の手をしっかり握りしめながら感激して言った。李克強総理は1998年河南省に転任し、省長、省委書記を歴任。河南省の広大な大地を7年間駆け巡った。視察の別れ際、人々は総理を車に乗せ、「老書記、いつでも帰ってきてくださいね」と手を振りながら見送った。

**老书记，常回家看看！**

　　"总理，可把您盼回来了！"李克强9月24日在河南长葛考察高标准农田时，一位农民握住总理的手激动地说。李克强1998年调任河南历任省长、省委书记，7年间跑遍了河南的山山水水。考察临别时，乡亲们把总理一直送上车，挥着手说："老书记"要常回家看看！"

# CHINADAILY

2015/10/17

総理が三つの政策のプレゼントを送る

# 総理が三つの政策のプレゼントを送る

　10月14日の国務院常務会議で、李克強総理は下記の大きな政策のプレゼントを送り出した。農村及び僻地におけるブロードバンド通信ユニバーサルサービス補償制度の整備。農村における電子商取引の発展加速。宅配業界発展促進の施策決定。これらの恩恵は庶民の生活に及び、多くの人々が利益を受ける。

**总理送三大政策礼包**

　10月14日的国务院常务会议上，李克强总理又一次送出政策大礼包——完善农村及偏远地区宽带电信普遍服务补偿机制；加快发展农村电商；确定促进快递业发展的措施。件件惠及百姓生活，亿万人将因此受益。

「双創」に薪をくべるために減税を

# 「双創」に薪をくべるために減税を

　「政府の税収をマイナスし、その代わりに『双創』(大衆の起業、万民のイノベーション)の新たな運動エネルギーをプラスしなければならない」。李克強総理は10月21日の国務院常務会議で強調した。当日の会議では、研究開発費用の追加控除政策を整備すること、企業の研究開発力向上を推進することが確認され、国家自主創新モデル地区の一部所得税に関する試行政策を全国に拡大し、創業と創新を後押しすることが決定された。

**减税为"双创"添薪**

　　"要用政府税收减法,换取'双创'新动能加法。"李克强总理10月21日在国务院常务会议上强调。当天会议确定完善研发费用加计扣除政策,推动企业加大研发力度;决定在全国推广国家自主创新示范区部分所得税试点政策,助力创业创新。

# CHINA DAILY

2013/05

6枚の漫画で見る李克強総理の「交友記」①

10月29日〜30日、ドイツのメルケル首相が李克強総理の招きに応じ訪中した。このドイツのスーパーウーマンと我らが総理の間には深い友情が築かれており、一緒にスーパーマーケットを見て回ったり、魯班の鎖を贈ったり、天壇公園を散歩するなど、古くからの友人である両首脳の間には、人情味にあふれる外交の瞬間があった。さらに、このたびの再会で、李克強総理はメルケル首相を自分の故郷である安徽省に案内した。ほかにも両首脳の「交友記」には素晴らしい逸話がたくさんある。6枚の漫画で振り返ってみよう。

###  6枚の漫画で見る李克強総理の「交友記」①

2013年5月、李克強が総理就任後にドイツを初訪問。メルケル首相はメーゼベルク城で旧友のために歓迎晩餐会を開いた。

10月29日至30日，德国总理默克尔应李克强总理邀请访问中国。话说这位德国女强人与咱们总理之间可是建立了很深的友谊，逛超市、赠鲁班锁、漫步天坛，这些富有人情味的外交瞬间都发生在两位总理老友之间。此次重逢，李克强总理更是陪同默克尔到自己的家乡安徽访问。除了这些，两位总理的"老友记"还有许多精彩故事！6张精彩漫画带你回顾。

**六张漫画 看克强总理的"老友记"①**
2013年5月李克强就任总理后首次访德，默克尔在梅泽贝格宫为老友举行欢迎晚宴。

# CHINADAILY 2014/07

6枚の漫画で見る李克強総理の「交友記」②

**6枚の漫画で見る李克強総理の「交友記」②**

　2014年7月、メルケル首相が訪中。李克強総理は旧友を天壇公園に案内し、祈年殿を散歩した。

**六张漫画 看克强总理的"老友记"②**

　　2014年7月默克尔访华，李克强总理陪着老友一起参观了天坛公园，漫步祈年殿。

**CHINA**DAILY 2014/10

6枚の漫画で見る李克強総理の「交友記」③

**6枚の漫画で見る李克強総理の「交友記」③**

　2014年10月、李克強総理がドイツを再訪問。メルケル首相は総理をスーパーマーケットに誘い、はがき2枚を買って夫人と娘へ送るよう総理にプレゼントした。

**六张漫画 看克强总理的"老友记"③**

　　2014年10月总理再次访德，默克尔邀请他一起逛超市，并买了两张明信片请总理寄给夫人和女儿。

## CHINA DAILY 2014/10

6枚の漫画で見る李克強総理の「交友記」④

**6枚の漫画で見る李克強総理の「交友記」④**

2014年10月、李克強総理はドイツを再訪問中に、精巧に作られた魯班の鎖をメルケル首相にプレゼントした。そして中国とドイツは共に世界的な難題を共に解こう、とメッセージを寄せた。

訳注:「魯班の鎖」中国の有名な職人の名前が付けられた組み立てパズルのこと。

**六张漫画 看克强总理的"老友记"④**

2014年10月总理再次访德期间,李克强总理赠送给默克尔一把精巧的鲁班锁,寄语中德共解世界性难题。

# CHINA DAILY

2015/10/29

6枚の漫画で見る李克強総理の「交友記」⑤

**6枚の漫画で見る李克強総理の「交友記」⑤**

　2015年10月29日、メルケル首相が再度訪中。古くからの友人である両首脳は、中国とドイツの協力を全面的に「アップグレード」することに合意した。

**六张漫画 看克强总理的"老友记"⑤**

　　2015年10月29日，默克尔再次访华。两位总理老友一致同意打造中德合作全面"升级版"。

# CHINA DAILY 2015/10/30

6枚の漫画で見る李克強総理相の「交友記」⑥

**6枚の漫画で見る李克強総理の「交友記」⑥**

　2015年10月30日、李克強総理とメルケル首相は、両国が共同で設立した安徽省の合肥学院を訪れ、中国とドイツの学生が共同で醸造したドイツの黒ビールを味わった。

**六张漫画 看克强总理的"老友记"⑥**
　　2015年10月30日，克强总理与默克尔来到两国共建的安徽合肥学院，品尝了中德学生共同配制的德国黑啤。

# CHINA DAILY

2015/11/01

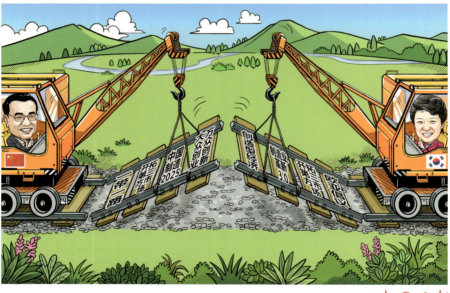

中韓協力の道を共に拓く

42

# 中韓協力の道を共に拓く

　李克強総理と朴槿恵大統領は 31 日午後、ソウルの青瓦台〔チョンワデ〕大統領府で両国間協力文書の調印式に出席し、17 件の合意文書の調印に立ち会った。これらの文書は、両国の起業とイノベーション協力、「中国製造 2025」、韓国の「製造業革新 3.0」、第三国市場への協力など多岐にわたる。

**共铺中韩合作大道**

　　李克强总理与朴槿惠总统 31 日下午在首尔青瓦台总统府出席中韩合作文件签字仪式，共同见证双方 17 个合作文件的签署。这些文件涉及两国创业创新合作、"中国制造 2025" 与韩国 "制造业革新 3.0" 对接、第三方市场合作等诸多内容。

# CHINA DAILY 2015/11/01

#  中日韓サミット再開催

　現地時間の1日午後、李克強総理は韓国ソウルにて3年ぶりに再開催された第6回中日韓サミットに出席した。

**中日韩领导人会议重启**

　　当地时间1日下午，李克强总理在韩国首尔出席第六次中日韩领导人会议。这是中日韩领导人会议机制中断3年后的重启。

# CHINA DAILY

2015/11/02

総理の韓国訪問、多くの成果とともに帰国

# 総理の韓国訪問、
多くの成果とともに帰国

　韓国への公式訪問を順調に終え、第6回中日韓サミット出席後、李克強総理は11月2日午後に専用機で北京へ戻った。3日間の訪韓日程はコンパクトだったが、マクロ経済という大きな話題から「一汁一菜」といった小さな話題まで、多くの成果を持ち帰ったと言える。

**总理访韩满载而归**

　　在圆满结束对韩国的正式访问，并出席第六次中日韩领导人会议后，李克强总理于11月2日下午乘专机回到北京。总理访韩这三天，行程紧凑，成果丰硕，大到宏观经济，小到"一菜一汤"，堪称满载而归。

# CHINA DAILY

2015/11/07

民衆の新たな消費需要を中国工業の「スリム化」に利用

# 民衆の新たな消費需要を中国工業の「スリム化」に利用

　11月4日の国務院常務会議における重要な議題は、工業の安定成長構造の推進、企業の市場開拓と収益向上の促進である。李克強総理は、新型工業化と情報化を融合させ、伝統工業を時代に合わせて発展させ、国内民衆の高まり続ける新たな消費需要に適応しなければならないと強調した。

**用民众新消费需求为中国工业"健身"**
　　促进企业拓市场增效益。李克强总理强调，要真正把新型工业化与信息网络化结合起来，让传统工业适应时代发展，适应国内民众不断升级的新的消费需求。

**CHINA DAILY** 2015/11/22

中国とマレーシアの歴史航路に義利の船

# 中国とマレーシアの
# 歴史航路に義利の船

　李克強総理は11月20日から23日、マレーシアのクアラルンプールで東南アジア諸国連合関連会議に出席し、あわせてマレーシアを公式訪問した。「歴史の航路、新しい座標、高く掲げた帆」の文書に署名する際、鄭和が7回航海し、5回マラッカ王国を訪れたことを回顧し、歴史の航路に中国とマレーシアの関係をなぞらえ、両国と地域各国の民意と時代の潮流であると称した。

**中马历史航道承载义利之舟**

　李克强总理11月20日至23日在马来西亚吉隆坡出席东亚合作领导人系列会议并对马来西亚进行正式访问。在署名文章《历史的航道　崭新的坐标　扬起的风帆》中，李克强回顾了郑和七下西洋、五次到访马六甲的故事，并以历史航道妙喻中马关系，称其为两国乃至本地区各国人民的民心所向和时代潮流。

## CHINADAILY

2015/11/25

# 「16＋1」の高速列車が
# 蘇州で加速

　11月25日午前、李克強総理は中東欧16カ国の首脳を招待し、蘇州—上海間の高速鉄道に乗車した。前日に蘇州で主宰した第4回中国・中東欧諸国首脳会議の際、「3年来『16＋1』の協力は高速列車のように、ワルシャワからブカレスト、ベオグラードから蘇州まで加速を続けてきた。この『動車組』が今日まで走り続けることができたのは、各車両が動力を提供できたからだ」と述べた。

"16+1"高速列车苏州提速

　11月25日上午，李克强总理邀请中东欧16国领导人共同乘坐苏州至上海的高铁。"3年来，'16+1合作'好比一列高速列车，从华沙到布加勒斯特，从贝尔格莱德到苏州，不断加速。这列'动车组'能够走到今天，关键在于每节车厢都能提供动力。"一天前，李克强在苏州主持第四次中国—中东欧国家领导人会晤时说。

# CHINA DAILY

2015/12/05

人民元がSDR通貨バスケットに加入

# 人民元が<br>　　SDR通貨バスケットに加入

　12月2日、李克強総理は国務院常務会議を開き、人民元の特別引出権（SDR）加入の状況とさらなる金融改革開放に関連する活動報告を受けた。11月30日、国際通貨基金（IMF）が人民元をSDRの通貨バスケットに組み入れることを正式に決定した。李克強総理はこれについて、中国の改革開放の成果に対する認可であり、目下国内外の経済鈍化の圧力が増加している中、これは自信回復の助けとなる。中国政府は歓迎の意を表する、と述べた。

**人民币纳入 SDR 货币篮子**

　12月2日，李克强总理主持召开国务院常务会议，听取人民币加入特别提款权情况和下一步金融改革开放相关工作汇报。11月30日，国际货币基金组织正式决定将人民币纳入 SDR 货币篮子。李克强就此表示，这是对中国改革开放成就的认可。在当前国际国内经济下行压力加大的情况下，这有利于提振信心，中国政府对此表示欢迎。

# CHINA DAILY

2015/12/11

李克強総理が国内外の専門家を招き「第13次5カ年計画」について意見を募集

# 李克強総理が国内外の専門家を招き「第13次5カ年計画」について意見を募集

　12月7日、李克強総理は国家発展改革委員会で「第13次5カ年計画」編成作業をめぐる国内外専門家との座談会を招集し、国内外の経済学者6人からアドバイスを受けた。李克強総理は、「今日我々は国内外の専門家を集めて意見や提案を発表し、『第13次5カ年計画』編成プロセスの『門戸を開き』各方面へ意見を求め、十分に民智を集め、開催中にコンセンサスを強化できるようにする」と述べた。会議後、ノーベル経済学賞受賞者のスティグリッツ氏が自身の新書を李克強総理に数冊贈呈した。

**李克强邀请中外专家为"十三五"献策**

　12月7日，李克强总理在国家发改委主持召开"十三五"规划编制工作国内外专家座谈会，6位中外经济学家到场献策。总理说："今天我们邀请国内外专家发表意见建议，让我们能够在编制'十三五'规划的过程中'开门'征求各方意见，充分集聚民智，在开放中巩固共识。"会后，诺贝尔经济学奖获得者斯蒂格利茨向李克强总理赠送了他的几本新书。

**CHINA DAILY** 2015/12/18

李克強総理が首脳らと如意湖を散歩するわけとは

# 李克強総理が首脳らと如意湖を散歩するわけとは

　李克強総理の提案によって、上海協力機構加盟国政府首脳理事会第14回会議の会場が鄭州市鄭東新区の国際会議展示センターから冬の暖かな日差しを受ける如意湖のほとりまで広げられた。12月15日13時頃、調印式と共同記者会見の後、李克強総理は当初の予定を変更し、各国首脳と会場を出て、湖沿いの桟道を歩きながら十数分間言葉を交わした。

**李克强为啥邀请这么多总理如意湖畔漫步?**

　　李克强总理的一句提议，让第十四次上合总理会的会场从郑州郑东新区的国际会展中心，延伸到了冬日暖阳下的如意湖畔。12月15日中午13时许，在签字仪式和共见记者后，李克强打破既定议程，邀请与会的各国领导人走出会场，在湖边栈道上漫步交谈了十多分钟。

# CHINA DAILY

2015/12/26

李克強総理、「高速鉄道」関連の祝電を一週間に2通送る

# 李克強総理、「高速鉄道」関連の祝電を一週間に2通送る

　12月19日、李克強総理はタイのプラユット首相と互いに祝電を送り合い、中国・タイ鉄道協力プロジェクトの正式着工を祝賀した。23日には、ハンガリー・セルビア鉄道セルビア区間の正式着工にも祝電を送った。タイからセルビアまで、李克強総理の「高速鉄道戦略」はますます拡大を見せる。「中国の高速鉄道の海外進出は、装備製造業と労働力の輸出を牽引できるだけでなく、さらに国際的な市場競争において絶えず自身の総合的実力を高めることができる」。李克強総理は各処で繰り返し強調した。

**李克强一周发出两封贺信，内容都与"它"有关**

　12月19日，李克强总理与泰国总理巴育互致贺信，祝贺中泰铁路合作项目正式启动。23日，他又致信祝贺匈塞铁路项目塞尔维亚段正式启动。从泰国到塞尔维亚，李克强的"高铁棋局"可谓越下越大。"中国高铁走出去不仅能带动装备和劳务出口，更会在国际市场竞争中不断提升自身的综合实力。"总理在不同场合多次强调。

CHINA DAILY 2016/01/01

「第13次5カ年計画」の青写真を描く

# 「第13次5カ年計画」の青写真を描く

　12月31日、李克強総理は会議を招集し、再度「第13次5カ年計画要綱」編成作業の状況報告を受けた。科学的に編成する「計画要綱」は発展という最優先事項を堅持し、高い視野で将来を見据え、操作性をもってやり遂げなければならない、と李克強総理は強調した。

**绘制"十三五"蓝图**

　　12月31日，李克强总理主持召开会议，再次听取"十三五"《规划纲要》编制工作情况汇报。李克强强调，科学编制《规划纲要》必须坚持发展这个第一要务，做到高站位、有前瞻、可操作

# CHINA DAILY 2016/01/09

李克強総理、「煤黒子」と呼ぶ人がいようと私は「煤亮子」と呼ぼう

# 李克強総理、
# 「煤黒子」と呼ぶ人がいようと
# 私は「煤亮子」と呼ぼう

　李克強総理は作業服に着替え、トロッコで坑内へ入り炭鉱を視察した。山西焦煤グループの官地炭鉱は1960年に創立され、かつてはアジア一の生産量を誇った。李克強総理はトロッコで6km、さらに歩いて1kmの地下300mに到着し、すべての採掘現場を2時間かけて視察した。そして「暗い地下での仕事によって、他の人々を明るく照らす皆さんのことを煤黒子（炭で真っ黒な人）と言う人もいるが、私は煤亮子（石炭で明るく照らす人）と呼ぶ。炭鉱労働者は山西省の支柱であるのみならず、国家の支柱でもある」と述べ、山西の労働者達を称賛、激励した。

**有人说你们是煤黑子，我说你们是煤亮子**

　　换上矿工服、坐上矿车，李克强5日来到山西焦煤集团官地矿，入井考察煤矿生产。该矿建于1960年，曾创下亚洲单井口出煤量第一的纪录。总理井下乘车6公里、步行1公里才来到垂直深度300多米的综采工作面。他在这里为山西鼓劲打气。整个井下考察历时2小时。总理在这里为山西鼓劲打起，并称赞煤炭工人："你们自己常年在黑暗的井下工作，却照亮了他人。有人说你们是煤黑子，我说你们是煤亮子。煤炭工人不仅是山西的脊梁，也是国家的脊梁。"

# CHINA DAILY

2016/01/16

李克強総理、審査許可に頼らず監督管理により公平・公正な市場秩序を確立

# 李克強総理、審査許可に頼らず監督管理により公平・公正な市場秩序を確立

　1月13日、国務院常務会議で行政のスリム化と権限委譲の政策を再び打ち出し、市場の活力をさらに解放させることを決定した。李克強総理は出席した各部門の責任者に対し、意識を切り変え「小利を捨て、大利を成し」、さらに多くの市場へ権限委譲するよう求めた。「当初は行政のスリム化と権限委譲により『混乱』が起こるのではないかと心配する声もあったが、実際市場は依然混乱していない。カギとなるのは、やはり監督管理の強化だ」そして、「真の公平・公正な市場秩序を確立するには、審査認可に頼らず、監督管理を進めることである」と述べた。

**李克强：建立公平公正的市场秩序不靠审批而靠监管**

　1月13日国务院常务会议决定，再推出一批简政放权改革措施，让市场活力更大释放。李克强总理要求参会各部门负责人，一定要切实转变观念，"舍小利，成大利"，把权力更多下放给市场。"一开始也有人担心，简政放权会不会放'乱'了？实践证明，市场并没有乱。关键还是要加强监管。"总理说，"要真正建立公平公正的市场秩序，不能靠审批，而要靠市场监管。"

CHINA DAILY 2016/01/30

「留守児童」を家庭の痛み・社会の傷にしてはならない

# 「留守児童」を家庭の
# 痛み・社会の傷にしてはならない

　1月27日、李克強総理は国務院常務会議で出席者に対し「留守児童を家庭の痛みと社会の傷にしてはならない」と心を込めて語った。当日の会議では、農村の留守児童へのケアとサポートが全面的に強化された。社会全体が温かい手を差し伸べ、農村の留守児童を守り思いやる必要がある、と李克強総理は強調した。

　　訳注:「留守児童」親の都市部への出稼ぎにより農村部に置き去りにされる子どものこと。

**决不能让留守儿童成为家庭之痛社会之殇**

　1月27日，李克强总理在国务院常务会议上语重心长地对与会者说："决不能让留守儿童成为家庭之痛社会之殇！"当天会议部署全面加强农村留守儿童关爱保护，总理强调，全社会都要伸出援手，保障和关爱农村留守儿童。

# CHINA DAILY

2016/02/06

李克強総理、敬老院でお年寄りと餃子を食べて小年の節句を過ごす

# 李克強総理、敬老院でお年寄りと餃子を食べて小年の節句を過ごす

　李克強総理は2月1日、寧夏回族自治区固原市原州区にある高齢者施設の中心敬老院を訪れ、お年寄りと共に小年の節句を過ごした。総理は隣に座る回族の馬安倉さんと食事をしながら歓談し、「血色がよくお元気である」ことを称え、あつあつの餃子をよそってあげた。その後、李克強総理は立ち上がり、手元の飲み物を挙げてお年寄りたちの健康と幸せな長寿を祈念した。

**李克强与敬老院老人一起过小年吃饺子**

　　李克强2月1日来到宁夏固原市原州区中心敬老院，与老人们在一起过小年。总理与坐在身旁的回族老人马安仓边吃边拉家常，称赞老人"红光满面"，还给他盛了一碗热气腾腾的饺子。随后，李克强起身举起手中的热饮，祝愿各位老人身体健康，幸福长寿。

# CHINA DAILY

2016/03/05

# 総理が自ら報告書に古人の教訓 「簡除煩苛，禁察非法」を 『後漢書』から引用

　3月5日、李克強総理は『政府活動報告』の中で、「インターネット＋政務サービス」を大きく推進し、部門間のデータ共有を実現し、住民と企業の手間を省き、処理をスムーズに行うことを打ち出した。そして煩わしいルールを簡素化、撤廃し、不法行為を禁じ（簡除煩苛，禁察非法）、さらなる平等な機会とより広い創造の場を人民大衆にもたらす。ある政府活動報告の草案作成グループのメンバーによると、この句は総理が自ら加えたという。「簡除煩苛，禁察非法」は『後漢書』からの引用で、「融通の利かない規則や制約による人々の不便を取り除き、特に役人は人民に迷惑をかけてはならない」ことを意味する。

**总理亲自为报告加入《后汉书》古训：简除烦苛，禁察非法**
　　3月5日，李克强总理在作《政府工作报告》时提出，大力推行"互联网＋政务服务"，实现部门间数据共享，让居民和企业少跑腿、好办事、不添堵。简除烦苛，禁察非法，使人民群众有更平等的机会和更大的创造空间。据一位政府工作报告起草组成员介绍，这句话是总理亲自加上去的。"简除烦苛，禁察非法"源自《后汉书》。"意思是，要去掉不方便老百姓办事的条条框框；特别是，政府官员不要轻易去扰民。"

CHINA DAILY 2016/03/17

李克強総理、民生の声が改革の検証を推進する

74

# 李克強総理、民生の声が改革の検証を推進する

　3月16日午前、李克強総理は人民大会堂金色ホールで内外記者と会見し、「医療保険の全国ネットワークの推進」についての質問に答え、「政治の出発点と着地点はやはり民生の改善にあり、民生に対する人々の声が我々の発展を促し、改革を推進、検証するのである」と述べた。

**李克强：让民生呼声推动检验我们的改革**

　　3月16日上午，李克强总理在人民大会堂金色大厅会见中外记者，在回答关于"推进医保全国联网"的问题时，李克强说："我们执政的目的是为什么？出发点和落脚点还是为了改善民生，就是要让群众对民生的呼声和要求，倒逼我们的发展，推动和检验我们的改革。"

**CHINA DAILY**  2016/03/25

澜滄江―メコン川協力の第一歩を踏み出す

# 瀾滄江—メコン川協力の第一歩を踏み出す

　瀾滄江—メコン川協力第1回首脳会議が開かれ、李克強総理はメコン川流域5カ国のリーダーを歓迎し、次のように述べた。この一年、瀾滄江−メコン川協力メカニズムが提唱されてから一歩一歩現実化してきた。中国側はメコン川流域の各国リーダーとともに「同じ川の水を飲む運命共同体」をテーマとして、ともに瀾滄江−メコン川協力の遥かなる道への第一歩を踏み出すことを期待している。

**澜湄合作跨出远大前程第一步**

　　李克强总理在欢迎出席澜沧江—湄公河合作首次领导人会议湄公河五国领导人的致辞中说,一年多来,澜湄合作机制从倡议一步一个脚印地变成现实。中方期待同澜湄各国领导人一道,本着"同饮一江水,命运紧相连"的主题,共同跨出澜湄合作远大前程的第一步。

# CHINA DAILY

2016/04/08

李克強総理、先進レベルで「メイド・イン・チャイナ」のアップグレードを

# 李克強総理、先進レベルで「メイド・イン・チャイナ」のアップグレードを

　李克強総理は4月6日の国務院常務会議で「我々はメーカーの『攻略戦』に挑み、先進レベルで『メイド・イン・チャイナ』のアップグレードを図らなければならない」と述べた。当日の会議では、『装備メーカーの標準化と品質向上に関する計画』の実施が決定された。また、李克強総理は「標準化をリードし続け、製造強国を建設することは、構造改革、特に供給側の構造改革の重要な内容であり、供給改善、需要拡大、商品と産業の中・高水準への邁進にとって有利である」と述べた。

**李克强：要用先进标准倒逼"中国制造"升级**

　"我们要打一场制造业的'攻坚战'，用先进标准倒逼'中国制造'升级。"李克强总理在4月6日的国务院常务会议上说。当天会议决定实施《装备制造业标准化和质量提升规划》。李克强说，坚持标准引领，建设制造强国，是结构性改革尤其是供给侧结构性改革的重要内容，有利于改善供给、扩大需求，促进产品产业迈向中高端。

# 李克強総理、
# 大学や高等専門学校の発展の
# 不合理な状況を改変

　4月15日、李克強総理は北京で行われた高等教育改革創新座談会に出席し、「高等教育における『放、管、服（政務のスリム化と権限委譲、開放管理の統合、サービスの最適化）』の改革をさらに推し進めなければならない。大学や高等専門学校の長所を生かし、わずらわしいルールを簡素化または撤廃し、学校にさらに大きな学校運営の自主権を与える。どの大学や高等専門学校も法律に基づいて自主的に管理することができ、関連する行政審査認可権については移譲されるべきは移譲し、時代に合わなくなった行政法規と政策をすみやかに修正・廃止し、学校の発展を制約する不合理な束縛を解かなければならない」と述べた。

**李克强：破除制约高等院校发展的不合理束缚**
　4月15日，李克强总理在北京召开高等教育改革创新座谈会，总理在座谈会上指出："要加快推进高等教育领域'放、管、服'改革。结合高校特点，简除烦苛，给学校更大办学自主权。凡高校能够依法自主管理的，相关行政审批权该下放的下放，要抓紧修改或废止不合时宜的行政法规和政策文件，破除制约学校发展的不合理束缚。"

# CHINA DAILY

2016/04/30

李克強総理、創業者の町でロボットとバトミントンの腕磨き

82

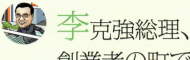

# 李克強総理、
# 創業者の町でロボットと
# バトミントンの腕磨き

　4月25日午後、李克強総理は創業者の町と呼ばれる四川省成都市の菁蓉鎮で創業者らと交流した。総理は創業者グループが設計したバトミントンロボットと「腕磨き」をした。

**李克强与创客小镇机器人切磋羽毛球**

　4月25日下午，李克强来到四川成都菁蓉创客小镇，与创业者交流。总理应邀与创业团队设计的羽毛球机器人"切磋"球技。

# CHINADAILY

2016/05/06

李克強総理、民間資本の投資に「ドア」を

# 李克強総理、
# 民間資本の投資に「ドア」を

　「民間企業が現在直面している問題は、『ガラスのドア（民間資本参入の見えない障壁）』、『バネ式のドア（参入できても弾かれてしまう）』、『回転ドア（民間企業は参入に様々な条件を設定され、締め出され各部門間をたらいまわしにされる）』でもなく、『ドアがない』ということだ」。5月4日の国務院常務会議で李克強総理は「さらに民間資本の参入条件を緩和し、『ドアがある』状況にしなければならない」と指摘した。

**李克强：让民间资本投资有门**

　　"说实话，一些民营企业现在面临的问题，不是'玻璃门'、'弹簧门'、'旋转门'，而是'没门'！不知道'门'在哪儿！"5月4日的国务院常务会议上，李克强直言，"因此，必须进一步放宽准入，让民间资本投资'有门'！"

# CHINA DAILY

2016/05/21

李克強総理が中央企業の「スリム化」のスケジュールを示す

# 李克強総理が中央企業の「スリム化」のスケジュールを示す

　李克強総理は5月18日の国務院常務会議で、「改革を通して発展を促し、『壮士断腕（期を逸せず果敢な決断を下す）』の勇気と決心をもち、断固として中央企業の『スリム化』、質の向上、効果拡大の攻略戦にしっかりと打ち勝たなければならない」と語った。

**李克强为央企"瘦身健体"列出时间表**
　　李克强总理在5月18日的国务院常务会议上说:"要以改革促发展,以'壮士断腕'的勇气和决心,坚决打好打赢中央企业'瘦身健体'、提质增效的攻坚战。"

# CHINA DAILY

2016/05/27

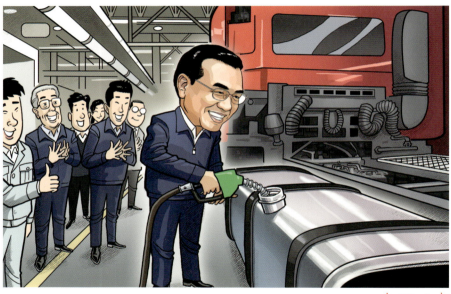

メイド・イン・チャイナに「加油」

# メイド・イン・チャイナに「加油」

　緑色の給油ノズルで組立ライン上の赤いトラックの燃料タンクを満タンにした李克強総理。「東風、そして『メイド・イン・チャイナ』のために励ましを込めた給油だ」。5月23日、東風商用車公司の重型トラック新工場の生産現場で、総理は工場の責任者や作業員に対し、「我々は『品質革命』により『メイド・イン・チャイナ』の総合的なアップグレードを図らなければならない」と述べた。

　訳注：「加油」は中国語で「給油する」と「頑張る」の意味がある。

**为中国制造加油**

　　　通过一把绿色加油枪，李克强总理为装配线上一辆红色重型卡车的油箱加满了油。"我不仅是为东风加油，也是为'中国制造'加油。"5月23日，站在东风商用车重卡新工厂的车间里，总理对工厂负责人和工人们说，"我们需要一场'品质革命'，促进'中国制造'整体升级！"

# CHINA DAILY

2016/06/13

李克強総理とメルケル首相が散歩外交

# 李克強総理とメルケル首相が散歩外交

　李克強総理は 12 日、訪中しているドイツのメルケル首相と頤和園を散歩した。東宮門で落ち合い知春亭まで歩き、湖から仏香閣と協力の精神を象徴する十七孔橋を眺めた。歴史を感じさせる徳和園大戯楼まで来ると、自然と街並みの随所で、中国の古い庭園の自然にも勝る匠の精神と重厚な文化を感じた。

**李克强与默克尔互动"散步外交"**

　　李克强总理 12 日陪同来华访问的德国总理默克尔在颐和园散步。两国总理在东宫门会合，一同步行至知春亭，临湖远眺佛香阁和象征着合作精神的十七孔桥。接着来到古色古香的德和园大戏楼，在一处处自然与人文景观中，感受中国古典园林巧夺天工的工匠精神和丰富厚重的文化底蕴。

# CHINA DAILY

2016/07/02

李克強総理が「飛鳩」を体験し、中国製自転車の広告塔を買って出る

# 李克強総理が「飛鳩」を体験し、中国製自転車の広告塔を買って出る

　李克強総理は6月26日、天津市勝利路にある飛鳩自転車のショールームを訪れた。ここには様々なグレード、材質、性能の自転車が並べられており、李克強総理はカーボンファイバー製の自転車の重さを確認し、このインテリジェント機能を備えたスーパーバイクの性能を体験した。李克強総理は、中国製自転車の広告塔を買って出て「メイド・イン・チャイナ」のインテリジェント化とアップグレードの「プラットフォーム」になろう、と語った。

**李克强体验"飞鸽"：我愿为中国自行车做广告**

　李克强6月26日走进飞鸽自行车天津胜利路体验店。这里摆放着不同档次、材质和性能的自行车。总理来到一辆碳纤维自行车前掂了掂重量，又亲自体验了一下这辆超级智能自行车的性能。他说，我愿为中国自行车做广告，更愿为"中国制造"智能升级"站台"。

# CHINA DAILY 2016/07/12

李克強総理、武漢市で治水と災害救援の現場へ

# 李克強総理、武漢市で治水と災害救援の現場へ

　7月6日早朝、大雨の中、李克強総理は湖南省岳陽市から高速鉄道で湖北省武漢市へ向かった。下車後、青山区の長江干堤、倒口湖堤防の災害現場へ直行した。

**李克强在武汉防汛抗洪和抢险救灾现场**

　7月6日一早,李克强总理从湖南岳阳乘高铁急赴湖北武汉,一路上大雨如注。总理一下车,直奔青山区长江干堤倒口湖堤段管涌现场。

**CHINA DAILY**　　　2016/07/22

李克強総理、主要な国際経済金融機関の責任者と「1＋6」円卓対話会議を開催

# 李克強総理、主要な国際経済金融機関の責任者と「1＋6」円卓対話会議を開催

　国務院の李克強総理は7月22日午前、北京釣魚台国賓館の芳華苑にて世界銀行の金墉(キムヨン)総裁、国際通貨基金（IMF）のラガルド専務理事、世界貿易機関（WTO）のアゼベド事務局長、国際労働機関（ILO）のライダー事務局長、経済協力開発機構（OECD）のグリア事務総長、金融安定理事会（FSB）のカーニー議長と「1+6」円卓対話会議を開催した。

**李克强同主要国际经济金融机构负责人举行"1+6"圆桌对话会**

　　国务院总理李克强7月22日上午在钓鱼台芳华苑同世界银行行长金墉、国际货币基金组织总裁拉加德、世界贸易组织总干事阿泽维多、国际劳工组织总干事莱德、经济合作与发展组织秘书长古里亚、金融稳定理事会主席卡尼举行"1+6"圆桌对话会。

CHINA DAILY  2016/09/09

総理の昼食

# 総理の昼食

　サンドウィッチ1個とコーヒー1杯。これが9月8日東アジア首脳会議期間中の李克強総理の昼食だ。今回の東アジア協力に関する一連の首脳会議では、多国間・二国間の会見が各種詰まっている。その日、昼をすでに1時間過ぎて二国間会談を終えると、次はすぐに「10+8」東アジア首脳会議に参加しなければならない。総理の昼食は素早く済ませることで精一杯なのだ。

**总理的午餐**

　一个三明治，一杯咖啡，这是9月8日东亚峰会期间李克强总理的一顿午餐。本届东亚合作领导人系列会议，总理的各项多边双边外事会见排得密不透风，当天中午已过1点，总理刚完成一场双边会谈，随后马上还要参加"10+8"东亚峰会领导人会议。总理的午餐只能这么快捷。

# CHINA DAILY

2016/10/15

李克強総理が活気あるマカオに熱い眼差しを向ける

# 李克強総理が活気ある マカオに熱い眼差しを向ける

　李克強総理は 10 日午前、滞在するマカオのホテルにて崔世安行政長官と会見した。その後窓辺に歩み寄り、しばらくたたずみ、活気あるマカオに熱い眼差しを向けた。

**李克强深情凝望澳门这片热土**
　　李克强 10 日上午在澳门下榻饭店会见崔世安特首后，信步来到窗边伫立良久，深情凝望澳门这片热土。

# CHINA DAILY

2016/10/21

東北はビジネス環境を最適化する覚悟を決めるべきである

# 東北はビジネス環境を最適化する覚悟を決めるべきである

「インターネット上に『投資は山海関を超えない』ということばがある。東北地方はこれを現実にさせてはならない」。10月18日の国務院東北地区等旧工業基地の振興推進に関する会議で、李克強総理は重々しく心を込めて述べた。その日の会議では東北地方の振興活動がさらに推進された。「東北地方はまず自身から改革を始めなければならない」。総理は語気を強めて強調し、「ビジネス環境を最適化し、社会の潜在能力を真に呼び起こし、東北地方発展の内生的動力を解放する覚悟を決めなければならない」と述べた。

**东北要痛下决心优化营商环境**

"网上有一种说法，叫'投资不过山海关'。东北可千万不能让这种说法变成现实啊！"10月18日的国务院振兴东北地区等老工业基地推进会议上，李克强总理语重心长地说。当天会议部署进一步推动振兴东北工作。"东北首先要从自身改革做起！"总理加重语气强调，"必须痛下决心优化营商环境，真正激发社会潜能，释放东北发展的内生动力。"

# CHINA DAILY

2016/11/18

「第13次５カ年計画」に多くの計画がある中、総理がこの３つを常務会議に選んだわけとは

# 「第13次5カ年計画」に多くの計画がある中、総理がこの3つを常務会議に選んだわけとは

　11月15日の国務院常務会議では、貧困脱出作戦、教育の貧困脱出、生態環境保護の3つの計画について討論が行われた。李克強総理は「『第13次5カ年計画』に多くの計画がある中、この3つについて討論したのは、それがまさに我々の『短所』だからである」と述べた。

"十三五"专项规划那么多，总理为何选这三个上常务会

　　11月15日的国务院常务会议专题讨论脱贫攻坚、教育脱贫、生态环境保护三个规划。李克强开宗明义："'十三五'的规划很多，之所以着重讨论这三个，因为的确是我们的'短板'。"

# CHINA DAILY

2016/11/26

総理が２軒の飲食店を心に留めているわけとは

# 総理が2軒の飲食店を
心に留めているわけとは

「監督管理は必ずしも冷淡にではなく、庶民の気持ちをもう少し持つべきである」。11月21日に上海で開催された「放管服」改革を深める座談会において、総理は2軒の飲食店の話を通じ「小事から大事を見通す」ことが、次段階の政府の職務機能転換と「放管服」改革活動深化のポイントであると示した。その飲食店は上海市弄堂里の「夢花街19号ワンタン店」と「阿大のネギ入りお好み焼き店」で、営業していた場所が住宅建物だったために営業許可証を取得できず、相次いで営業停止された。

**这两家小食店，为何让总理念念不忘？**

　　"监管也不一定是冷漠的，要多带一点对老百姓的感情"，在11月21日上海召开的深化"放管服"改革座谈会上，总理通过两家小食店的故事"以小窥大"，点题下一阶段政府职能转变和深化"放管服"改革工作。这两家小食店，分别是开在上海弄堂里的"梦花街19号馄饨店"和"阿大葱油饼店"，因经营地点为居住房屋无法办理证照被先后关停。

【編著者紹介】

**チャイナデイリー**(ちゃいなでいりー)

1981年6月1日に創刊された国家英字新聞。全世界での平均発行部数は90万部に及ぶ。世界で一番引用される中国メディアの一つである。

【訳者紹介】

**本田 朋子**(ほんだ ともこ)

共立女子大学国際文化学部国際文化学科中国文化コース卒業。日中翻訳学院・武吉塾修了生。訳書に『大国の責任とは』『新疆物語』『新疆世界文化遺産図鑑』(日本僑報社)。第二回翻訳新人賞受賞。

## 漫画で読む李克強総理の仕事

2016年12月26日　初版第1刷発行

編　著　　チャイナデイリー
訳　者　　本田 朋子 (ほんだ ともこ)
発行所　　富士山出版社
発行者　　小熊未央
発売所　　日本僑報社
　　　　　〒171-0021 東京都豊島区西池袋 3-17-15
　　　　　TEL 03-5956-2808　　FAX 03-5956-2809
　　　　　info@duan.jp
　　　　　http://jp.duan.jp
　　　　　中国研究書店 http://duan.jp

Japanese translation rights arranged with China Daily. Japanese copyright © Fujisan Press
ISBN978-4-9909014-2-4　C0036

# 日本僑報社

●既刊書籍のご案内

## 温家宝の公共外交芸術を探る
（日中対訳版）

企画　段躍中
著者　趙新利
訳者　多田敏宏
ISBN978-4-86185-123-0
3800円＋税

### 推薦の言葉
中国の温家宝総理を知る上で、大変貴重な一冊です。この本の出版を機に、一層日中友好が深まるよう期待します。

元内閣総理大臣　福田康夫

### 内容紹介
この本の著者趙新利氏は、1982 年中国山東省に生まれ、2004 年西安交通大学を卒業し、2011 年 3 月に早稲田大学政治学研究科博士課程を修了した、日中双方の事情に詳しい新進気鋭の政治学者である。その彼が、温家宝中国総理が主に日本を対象として行った公共外交活動を詳細に取り上げ、分析した。その中から、芸術的と言ってもいいほどの温家宝の緻密なテクニックを抽出し、今後の中国外交、ことに対日外交に生かしていこうという主旨だ。読者は本書を通して、今後中国が力を入れ始めるであろう公共外交というものを知ることになるだろう。

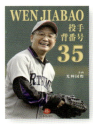

WEN JIABAO
投手 背番号 35
〈日本語版〉
978-4861850585

35号投手温家宝
〈中国語版〉
978-4861850684

日本僑報社公式サイト
http://jp.duan.jp

ご注文は、日本僑報社 e-shop（中国研究書店）、amazon などをご利用いただくか、または以下のコードを書店にご提示ください。
（トーハン 日販 その他 取次コード：5752）

日本僑報社　　　　　　　　　　　　　　　●既刊書籍のご案内

## 新中国に貢献した日本人たち

中国中日関係史学会編
武吉次朗訳
ISBN978-4931490574
3,024 円（税込）

### 推薦の言葉
友好の原点ここにあり
　　—故元副総理・後藤田正晴

功績を記録に残し、語り継いでいきたい
　　—中国中日関係史学会会長・厲以寧

## 続　新中国に貢献した日本人たち

中国中日関係史学会編
武吉次朗訳
ISBN978-4861850219
3,132 円（税込）

### 内容紹介
本書は中国中日関係史学会編纂の『友誼鋳春秋』第二巻（新華出版社・2005 年 9 月刊）の日本語訳である。前著と同様に、戦後中国に残って働いた日本人の事績を、中国側が取材、編纂したものである。収録された 42 篇に登場する 100 人以上の職業はさまざまだが、仕事に打ち込む中で中国の人々と友情を育み感動を呼ぶ。

日本僑報社

日本僑報社公式サイト
http://jp.duan.jp

ご注文は、日本僑報社 e-shop（中国研究書店）、amazon などをご利用いただくか、または以下のコードを書店にご提示ください。
（トーハン 日販 その他 取次コード：5752）

日本僑報社　●既刊書籍のご案内

## 必読！今、中国が面白い Vol.10

訳者　而立会
監訳　三潴正道
ISBN978-4-86185-227-5
2600円＋税

行間を読み込んでこそ人民日報は「面白い！」
日本にいながら最新中国事情がわかる
人気シリーズ第10弾！重要記事60編を厳選！

### 内容紹介
最新中国事情がわかる人気シリーズ第10弾！
行間を読み込んでこそ人民日報は「面白い！」。「共産党のプロパガンダ誌」「つまらない」と思われがちな人民日報。だが、何が書かれ何が書かれていないか理解することでその紙面からは様々なシグナルを発見することができる。本書では一年分の人民日報から中国の未来を知るための重要記事を60編厳選し収録。より深い理解のため三潴正道氏の寸評も記事ごとに加えられ、新たな視座を与えてくれる。日本人とも関わりの深い様々な話題から中国の本当の姿が見えて来る。

人気シリーズ Vol.1〜10

日本僑報社公式サイト
http://jp.duan.jp

ご注文は、日本僑報社 e-shop（中国研究書店）、
amazonなどをご利用いただくか、または以下の
コードを書店にご提示ください。
（トーハン 日販 その他 取次コード：5752）

# 日本僑報社 ●既刊書籍のご案内

第12回

## 訪日中国人、「爆買い」以外にできること
### 「おもてなし」日本へ、中国の若者からの提言
―中国若者たちの生の声シリーズ⑫

編者 段躍中
ISBN978-4-86185-229-9
2000円+税

### 内容紹介

第12回中国人の日本語作文コンクール受賞作品集。日中相互理解の促進をめざし、中国で日本語を学ぶ学生を対象にスタートしたこのコンクールには、12年でのべ3万人超が応募。中国で最も影響力のある作文コンクールとして、また貴重な世論として両国の関心が集まっている。本書には、過去最多となった5190もの応募作から上位入賞81作品を収録。中国の若者たちの「心の声」を届ける！

## シリーズ好評発売中

第11回

日本僑報社公式サイト
http://jp.duan.jp

ご注文は、日本僑報社 e-shop（中国研究書店）、amazonなどをご利用いただくか、または以下のコードを書店にご提示ください。
（トーハン 日販 その他 取次コード：5752）